LE TROMPEUR TROMPÉ.

COMÉDIE EN TROIS ACTES
& en Prose.

*Par M. DE LA ROC**, ancien Capitaine d'Infanterie au Service de France.*

A LIEGE,

Chez J. J. TUTOT, Imprimeur-Libraire, près Saint-Hubert.

ET A PARIS,

Chez VALADE, Imprimeur-Libraire, rue des Noyers, vis-à-vis Saint-Yves.

M. DCC. LXXX.

ACTEURS.

LE PRÉSIDENT, *Pere d'Angélique.*
LA BARONNE, *Sœur du Président.*
ANGÉLIQUE.
DORIMONT,
LE MARQUIS, } *Amans d'Angélique.*
JUSTINE, *Suivante d'Angélique.*
L'ÉPINE, *Valet de Dorimont.*
UN COUREUR *du Marquis.*
UN LAQUAIS *du Président.*

*La Scene se passe dans le château de M. le
Président, près de Paris.*

LE
TROMPEUR
TROMPÉ.

ACTE PREMIER.

Le théatre repréfente une falle de compagnie ; une table & quelques fieges doivent faire partie de fa décoration, &c. &c.

SCENE PREMIERE.

LA BARONNE, LE PRÉSIDENT.

La Baronne.

En un mot, mon frere, j'ai donné ma parole ; je veux qu'Angélique, votre fille, devienne Marquife ; & ce n'eft qu'à ce prix (entendez-vous bien) que je lui affure ma fucceffion. En vérité,

pouvez-vous balancer une minute entre un homme de la naiſſance & du mérite du marquis de
Florincourt, & votre triſte M. Dorimont?

LE PRÉSIDENT.

Mais, ma ſœur, Dorimont vous eſt mal con-
nu ſans doute; que lui manque-t-il, ſa naiſſance
eſt honnête, & ſa fortune ne l'eſt pas moins : à
l'eſprit le plus orné, il joint le cœur le plus noble, le plus excellent, & des mœurs enfin, loué
de tout le monde.

LA BARONNE.

L'eſprit, le cœur,.... des mœurs !.... Voilà
de bien belles choſes, mon frere : mais voulez-
vous que je vous diſe, moi, ce qui manque
tout net à votre Dorimont, & ce qui lui vau-
droit mieux que tout cela?

LE PRÉSIDENT.

Voyons.

LA BARONNE.

Un art, dont même il ne ſe doute pas ; tenez, celui de plaire.

LE PRÉSIDENT.

J'avoue que ſi vous faites conſiſter cet art dans
tous ces petits maneges de cour ; dans ces propos légers, découſus, (& preſque toujours très-
ſots !) de vos élégans petits-maîtres ; j'avoue,
dis-je, que Dorimont doit alors vous paroître
très-inférieur, par exemple, à votre jeune étourdi de Marquis !.... Au reſte, permettez - moi
de croire, ma ſœur, que votre ſentiment ici ne
ſera pas celui de tout le monde. On peut ſup-
porter un moment, on peut même s'amuſer quel-
quefois des mines, du perſifflage, des écarts &

(5)

du déraisonnement continuel de ces merveilleux colifichets ; mais c'est assurément tout l'honneur qu'ils méritent.

LA BARONNE.

Voilà bien une sentence digne de la gravité d'un Président !....

LE PRÉSIDENT.

Elle devroit naître de vous, madame la Baronne. Quoi ! parce que défunt votre époux vous aura conduite deux ou trois fois à la cour, & que vous aurez demeuré quelques mois à Paris, vous en adopterez pour toujours le clinquant & les ridicules ?.... (*Ici la Baronne feint de se retirer.*) Mais j'ai tort ; je vous ennuie.

LA BARONNE.

Oh, très-fort, je vous jure.

LE PRÉSIDENT.

Un dernier mot, ma sœur : vous desirez certainement le bonheur d'Angélique ?

LA BARONNE.

En pouvez-vous douter ?....

LE PRÉSIDENT.

Eh bien, je vous assure, moi, qu'elle apprécie avec la derniere justesse le mérite de ces deux amans, & j'ose gager avec vous qu'elle donne la préférence à Dorimont.

LA BARONNE, *vivement.*

Je la renoncerois pour ma niece, si je la pouvois croire capable d'une pareille extravagance !.... Je voudrois bien voir d'ailleurs qu'elle se hasardât de contrarier mon choix ?.... Mais qu'elle compare donc la gloire d'être appellée

A 3

Madame la Marquise, & l'honneur d'être admise à la cour ; avec l'ennui mortel de passer toute sa vie en province ou dans la gentilhommiere de votre Dorimont, avec le grade (vraiment imposant !....) de *Madame la Conseillere ?...* Enfin , j'attends dans la journée le Marquis : vous savez mes intentions à son égard ; j'ajoute, que si vous persistez d'y être contraire, que je retourne sur le champ à Paris , & que je me déterminerai à prendre un parti dont vous & votre fille aurez à coup sûr tout sujet de vous repentir.

(*La Baronne sort.*)

SCENE II.
LE PRÉSIDENT.

LA singuliere prévention !.... Voilà les femmes !.... Contrariez-les le moins du monde, & bientôt le feu est aux étoupes !.... Il me faut pourtant la ménager ; la médiocrité de ma fortune m'en impose la loi. Elle est capable d'effectuer la menace qu'elle m'a si souvent faite de se remarier !.... Cruelle nécessité des richesses, à quoi me réduis-tu !.... Voyons une derniere fois, & pendant qu'il en est tems encore, les dispositions d'Angélique.

(*Justine paroît.*)

SCENE III.
LE PRÉSIDENT, JUSTINE.
LE PRÉSIDENT.

AH, tu parois à propos, Justine ; que fait ma fille ?.... La trouverai-je dans son appartement ?

J U S T I N E.

Non, Monſieur ; Madame la Baronne a jugé à propos de la faire appeller dans le ſien ; & Mademoiſelle vient de s'y rendre.

L E P R É S I D E N T.

Eh bien , attends l'inſtant où Angélique ſortira dé chez ma ſœur , & n'oublie pas de lui dire que j'ai à l'entretenir : je reviendrai bientôt.

[*Le Préſident ſort.*]

S C E N E I V.

JUSTINE, L'EPINE *au fond du théatre , & ſans paroître encore.*

J U S T I N E.

OH, vous avez du tems de reſte , Monſieur..... (*A part.*) Madame la Baronne ne ſe pique point d'être ſi expéditive elle..... & lorſqu'elle vous ſermone ſon monde, c'eſt par ma foi pour ne plus finir. Une femme a le privilege de beaucoup parler ſans doute ; mais elle donne au ſien une extenſion au-delà du poſſible.

L' E p i n e.

Mais tu n'étends guere moins loin qu'elle, ce me ſemble, une auſſi intéreſſante prérogative.

J U S T I N E.

Comment !.... monſieur l'Epine avoit l'inſolence de m'écouter ?....

L' E p i n e.

Que mon adorable me le pardonne ; j'attendois qu'elle fût feule pour paroître. Au refte, je foufcris de bon cœur à ta cenfure : il eft fi fatisfaifant de médire un peu de fes maîtres !

J U S T I N E.

Pour moi, je ne te le cache point ; c'eft ma paffion favorite. C'eft leur faute après tout ; pourquoi ne nous cachent-ils pas mieux leurs ridicules? Par exemple, comment faire grace à cette éternelle, Madame Araminte, qui avec plus de trois quarts d'un fiecle fur la tête, affecte encore tout l'enfantillage d'une jeune adolefcente?...

L ' E p i n e.

Tiens, affocions-la à ce vieux fou de Commandeur qui vient fouvent ici : fa manie eft parbleu la même.

J u s t i n e.

On dit qu'il met du rouge?....

L ' E p i n e.

Bon, ce n'eft pas vraiment la feule contrebande qu'on puiffe lui reprocher !.... Et penfestu que la fade & prude Lucinde, ne mérite pas une petite dofe de ta critique?

J u s t i n e.

Oh pour celle-là, fais-en ton profit ; je te l'abandonne.

L ' E p i n e.

Et me donnes-tu de même ce petit étourdi d'Abbé?

J u s t i n e, *vivement.*

Halte-là.... Pefte, garde-toi bien d'en dire du mal ; fonges que je le protege : c'eft bien le papillon le plus vif, le plus agréable que je connoiffe !.... Il a toujours fes poches pleines de

bonbons les plus exquis !.... Aucune chanson
nouvelle ne lui échappe !.... Aucun point de
broderie qu'il ne connoisse à fond !.... Aucune
anecdote, aucune histoire du jour, qu'il ne sa-
che de source !.... Oh, c'est un être très-inté-
ressant que celui-là.

L'Epine.

Ma foi, je t'avertis que mon maître ne l'aime
guere, & qu'il ne faut pas moins que l'amour
qu'il a pour ta maîtresse, pour l'engager à sup-
porter patiemment comme il fait, les perpétuels
sarcasmes de ton joli petit personnage.

Justine.

Avoue de bonne foi que la magistrale gravité
de Dorimont est souvent très-à-charge, très-dé-
plaisante !.... Tiens, ne l'excuse point : je la
trouve moi très-ridicule à son âge.

L'Epine.

Mais son état de Conseiller semble la lui imposer ; voudrois-tu lui voir le babil, la pétu-
lance, la légéreté (pour ne rien dire de plus)
de quelques-uns de nos agréables de cour ?

Justine.

Eh, pourquoi non ?.... gaieté,.... plaisir,
folie même, voilà mon caractere.

L'Epine.

Comment supportes-tu donc la sérieuse tran-
quillité de l'aimable Angélique ?....

Justine.

Aussi me brouillois-je très-souvent avec elle :
je voudrois lui voir plus de feu, plus de sensi-
bilité..... Tiens, un grain de coquetterie....
& elle seroit, oui, elle seroit adorable.

A 5

L' E P I N E.

Sur ce pied-là, je puis faire mon compte d'a-
vance, & m'attendre lorfque je ferai ton époux...

J U S T I N E.

D'être heureux, fi tu veux être raifonnable ;
mais haï, détefté, trompé, fi tu t'avifes de ne
pas l'être..... Retire-toi ; la porte s'ouvre ; Angélique, ou la Baronne vont fans doute paroître..... Adieu.

L' E P I N E. (*Il veut l'embraffer.*)

Mais laiffe-moi donc prendre un léger à compte fur notre prochaine nôce.

J U S T I N E.

Finis, finis ; tu n'y penfes point : ne feras-tu
pas plus fatisfait de tout recevoir à la fois ? Sors,
fors, te dis je.

L' E P I N E.

Au revoir donc, ma belle incomparable.
(*L'Epine fort, & Angélique paroît.*)

S C E N E V.

J U S T I N E, A N G É L I Q U E *arrive
lentement & en rêvant.*

J U S T I N E, *à part.*

SON entretien avec Mde. la Baronne, ne lui
aura pas été fort agréable fans doute !.... Mademoifelle ?....

A N G E L I Q U E.

Que me veux-tu, Juftine ?....

JUSTINE.

Monsieur le Président souhaite vous entrete-
tenir..... mais n'allez pas plus loin, Mademoifelle, il s'avance lui-même.

(Le Président paroît.)

SCENE VI.

JUSTINE, ANGÉLIQUE, LE PRÉSIDENT.

LE PRÉSIDENT à *Justine.*

Laissez-nous feuls, Justine. Tu me fembles
bien rêveufe, bien trifte, ma chere Angélique?
ma fœur t'auroit-elle fait quelque nouvelle peine?.... Ecoutes; tu fais combien tu m'es chere; je ne fouffre moi-même les vivacités, les
hauteurs déplacées de la Baronne, que pour te
ménager un fort & plus brillant & plus avan-
tageux; je ne fuis point riche : obligé par état
à d'affez fortes dépenfes, je n'ai pu te ménager
la fortune dont je defirerois te voir jouir. Cependant ton caractere économe & fage, me donne la plus douce confiance fur ton bonheur à
venir. Ce ne font point toujours les grands biens,
ma chere Angélique , qui nous rendent vérita-
blement heureux!.... Ta mere (dont je re-
trouve en toi la douce image!....) eft, j'en
fuis bien fûr, un exemple que tu voudras fuivre.
C'eft donc d'après la connoiffance que j'ai de
ton cœur , que je te réitere encore la promeffe
de te laiffer abfolument maîtreffe de ton choix.

ANGELIQUE.

Ah, mon pere, que ne vous dois-je pas!....

Mais ſi j'oſois vous interroger, je vous deman-
derois pourquoi vous vous preſſez ſi fort de m'é-
tablir ? Puis-je être jamais plus heureuſe que je
la ſuis auprès de vous ?....

LE PRÉSIDENT.

Pourquoi, ma chere Angélique ?..... Pour
être plutôt témoin de ta félicité ; pour trouver
dans ton époux un nouvel ami, & dans vous
deux une conſolation aſſurée dans mes vieux
jours : enfin, pour profiter des diſpoſitions ac-
tuelles de la Baronne. Au reſte, que les condi-
tions qu'elle attache aux avantages qu'elle pro-
met de te faire, ne gênent point le penchant de
ton cœur. Tu connois à peu-près le Marquis
qu'elle veut te faire épouſer ; c'eſt le même que
tu vis chez elle l'automne derniere..... Tu ſais
qu'elle l'attend d'heure en heure depuis hier ?....

ANGELIQUE.

Ah, que ne reſte-il un ſiecle en route !....

LE PRÉSIDENT, gaiement.

Tu ne l'aimes donc guere ?....

ANGELIQUE.

Mon pere, il s'aime aſſez lui-même, pour
être diſpenſée d'avoir pour lui ce ſentiment :
d'ailleurs, il eſt ſi étourdi, ſi inconſéquent !....

LE PRÉSIDENT.

Mais il eſt jeune, ma fille ; il peut changer à
ſon avantage. Conviens que Dorimont n'ajoute
pas peu à ſes défauts ? Tu rougis ?.... Avoue
la dette ?

ANGELIQUE.

Mais, mon pere, vous m'avez loué tant de
fois Dorimont !.... Ne l'honorez-vous pas de
votre eſtime, même de votre amitié ?....

LE PRÉSIDENT.

Oui, sans doute, il en est digne ; j'ajoute....
(*Un Laquais paroît.*)

SCENE VII.

ANGÉLIQUE, LE PRÉSIDENT,
UN LAQUAIS.

LE LAQUAIS.

MOnsieur, je vous annonce le plus bel équi-
page de Paris ; il vous amene M. le Marquis de
Florincourt.

ANGELIQUE.

Permettez-moi, Monsieur, de me retirer.

LE PRÉSIDENT, *à Angelique.*

Passe dans mon cabinet, je ne tarderai pas à
t'y joindre.

(*Angélique fort.*)

SCENE VIII.

LE PRÉSIDENT, LE LAQUAIS.

LE PRÉSIDENT.

TOI, descends au plus vîte', & conduis M.
le Marquis à l'appartement de ma sœur ; cours.

LE LAQUAIS.

Oh, Monsieur, rien ne presse ; il s'est fait
mener d'abord au logement que vous lui desti-

niez, & je me donne au diable, s'il n'y eſt pas actuellement occupé à faire une ſeconde ou troiſieme toilette.

(Le Laquais ſort.)

SCENE IX.

LE PRÉSIDENT, ſeul.

COMBIEN le ridicule ſe fait-il remarquer !.... Il eſt juſtement l'objet de la cenſure générale !... On ſouffre, on doit même pardonner à la jeuneſſe quelques écarts, quelques frivolités !.... Mais on ſévit avec ſévérité, ou l'on ſe moque du moins avec force des travers d'un jeune fou que l'on juge incorrigible.

Allons retrouver Angélique, & concertons avec elle & Dorimont, les moyens d'amener à nos vues la Baronne : commençons d'abord par gagner du tems. Il eſt.... (Il regarde ſa montre.) il eſt déja midi !.... Mon exprès tarde bien à revenir !.... Puiſſent du moins les Lettres que j'attends par ſon retour, avoir le ſuccès que j'oſe en eſpérer !

(Le Préſident ſort.)

FIN DU PREMIER ACTE.

ACTE II.

SCENE PREMIERE.

LE MARQUIS, DORIMONT.

LE MARQUIS.

Ainsi, mon pauvre Dorimont, voici deux grands mois que tu passes de suite à la campagne de M. le Président !.... Grands biens t'en adviennent, mon très-cher. Palsembleu, j'aimerois mieux mourir mille fois, plutôt que de subir une pareille pénitence !.... Je n'y suis moi, que depuis environ trois heures, & je m'y ennuie déja, que c'est une merveille !....

DORIMONT.

Chacun a son goût, Marquis : tu te plais dans le vaste tourbillon du monde ; la cour, les spectacles, les intrigues.... voilà ton élément !.... Moi, je préfere une vie plus douce, plus uniforme & plus tranquille ; au bruit continuel & tumultueux de Paris, j'aime à voir succéder le silence enchanteur d'une agréable solitude. Les plaisirs cessent d'être des plaisirs pour toi, dès qu'ils ne se présentent point à chaque minute sous une nouvelle forme !.... Une si grande variété, moi, me peine, me fatigue.

LE MARQUIS.

Je suis, ma foi, ton serviteur. *Diversité c'est ma devise.* Quel plaisir, par exemple, est égal à celui de plaire à vingt femmes à la fois !.... On feint de les aimer toutes avec la paſſion la plus vive, la plus dévorante : chacune de nos démarches alors, ſont autant d'amorces, ſont autant de pieges pour les tromper toutes en même tems !.... Conçois très-bien, mon très-cher, tout le charme, tout le piquant d'un ſi grand nombre d'intrigues ?.... Devines-tu tout l'eſprit qu'il faut avoir pour s'en retirer avec honneur ?.... On ſe brouille, on ſe raccommode ; on ſe quitte, on ſe reprend !.... Rien, rien au monde n'eſt aſſurément plus délicieux. (*Avec égoïſme, avec fatuité, &c.*) Mais tous les hommes ne peuvent point jouer un pareil rôle ; il faut (tu le ſens bien) avoir un génie d'une certaine trempe, être fait d'une certaine maniere..... enfin il faut.....

DORIMONT, *vivement, gaiement.*

Te reſſembler, n'eſt-il pas vrai, Marquis ?

LE MARQUIS, *en minaudant, &c. d'un ton interrompu, léger, &c.*

Mais franchement, tu conviendras qu'il eſt peu de Seigneurs mieux faits que moi à la cour !... A propos, tu me ſembles bien (mais du dernier bien même !....) avec Angélique ? Tu ſors à l'inſtant de la quitter, & ſon très-grave pere M. le Préſident : ils t'auront parlé de moi ſans doute..... Dis-moi nettement, ai-je le bonheur de leur plaire ? Angélique n'eſt point du tout mal au moins !.... Elle a contre elle, il faut l'avouer, ſon éducation, ſon maintien, ſon goût de province !.... Mais vingt-quatre heures de mes leçons, quelques mois de ſéjour dans la capitale.... & je crois que je pourrai riſquer de la préſenter à la cour ?

DORIMONT.

Va, Marquis, il n'eſt aucun ſéjour ſous le ciel qu'elle n'embelliſſe & ne charme par ſa préſence.

LE MARQUIS.

Comment !.... mais ſais-tu que voilà la plus galante & la plus jolie phraſe du monde ! Ecoutes, dépêches-toi, mon grand ami, de lui faire ta cour ; tu n'ignores pas le ſujet qui m'amene ; profites du peu d'inſtans que je vais te laiſſer encore. Parbleu, je n'ai nullement de tems à perdre ; j'expédie promptement mes affaires moi ; & la Baronne vient de me promettre de tout terminer, de tout conclure, dans le moindre eſpace de tems poſſible.

DORIMONT.

Angélique a donc fait ſur ton cœur une impreſſion bien vive, bien profonde ?.... (*A part.*) Ah, que je ſuis malheureux !....

LE MARQUIS.

Mais non ; comme ça : je te l'ai déja dit, elle me ſemble .... aimable ; je lui crois même l'étoffe pour devenir peut-être un jour aſſez intéreſſante ; au reſte, c'eſt une femme que je prends en elle, & non une maîtreſſe à laquelle je ſuis néceſſité de plaire. Nous marions-nous pour nous aimer, nous autres gens de qualité ? la convenance ſeule, par ma foi, nous enchaîne. La Baronne aſſure dès-à-préſent tous ſes biens à ſa niece !..... En un mot, j'épouſe, mon ami, vingt mille écus de rente, & voilà tout.

DORIMONT, *à part.*

Que je plains le ſort d'Angélique !....

(*Le Coureur du Marquis paroît.*)

SCENE II.

LE MARQUIS, DORIMONT, LE COUREUR.

LE COUREUR.

Voici vos lettres, Monsieur le Marquis.

LE MARQUIS.

Tu tardes bien à paroître ?.... Eſt-ce tout?
(*A Dorimont.*) Vous permettez ?....

DORIMONT.

Je fais plus encore Marquis ; je vous laiſſe.
(*Dorimont ſort.*)

SCENE III.

LE MARQUIS, son COUREUR.

LE COUREUR, *pendant que le Marquis lit ſes lettres.*

MA foi, Monſieur, ce château-ci me paroît
bien vaſte , bien étoffé ; tout y annonce l'ai-
ſance du maître : je vous en fais mon compli-
ment.

LE MARQUIS.

Dis plutôt qu'il eſt déteſtable ; l'architecte n'a-
voit pas à coup sûr le ſens commun ; je n'y
vois pas un ſeul ornement à la grecque !....
Bon ! la folie..... (*Il lit haut.*) » Voici deux

» nuits que je ne dors point d'inquiétude ; vous
» seriez le plus ingrat des hommes, si vous ne
» m'aimiez pas autant que je vous aime « ....
Ah, ah, ah, ah. --- As-tu passé, comme je te
l'ai commandé, chez la petite Comtesse ? ....
(*Toujours en lisant & écrivant ses lettres.*)

LE COUREUR.

Oui, Monsieur le Marquis, elle se plaint fort
de votre silence. Songez-vous qu'il y a quatre
grands jours que vous ne l'avez été voir ? ....

LE MARQUIS.

Quoi réellement quatre jours ! je ne m'en dou-
tois parbleu pas ! Oh, j'irai, j'irai ; fais-m'en res-
souvenir à mon retour. Mais que t'a dit *Rosalie*,
cette jeune actrice avec laquelle j'ai soupé jeudi
chez ce vieux fou de Commandeur ? ....

LE COUREUR.

Bon, Monsieur le Marquis ; pense-t-elle encore à vous ? Là, de bonne foi, n'a-t-elle que
vous à répondre ? ....

LE MARQUIS.

Mais elle fait pourtant mes dispositions à son
égard. (*Il lit haut.*) » Vous êtes un ingrat, un
» perfide que je ne veux plus voir, & je ne vous
» pardonnerai jamais le penchant que vous m'a-
» vez inspiré pour vous. « --- Tarare ! bon,
que je reparoisse une minute auprès d'elle, &
je suis bien assuré de lui faire abjurer une si gra-
ve promesse. .... Au pis aller nous nous quit-
terons ; aussi-bien voilà-t-il déja deux mortels
mois que nous nous connoissons ! .... N'est-il
pas donc bientôt tems de s'ennuyer l'un de l'autre ? ....

LE COUREUR.

J'ai également passé chez le sieur *Lacouture*,

votre honnête tailleur : ſavez-vous bien , Monſieur le Marquis , que l'impertinent refuſe net de
vous faire davantage crédit ? . . . .

LE MARQUIS.

Comment ! comment morbleu , cette broderie
de cinq couleurs que je lui ai commandée der-
niérement n'eſt pas encore faite ? . . . . L'*Oiſeau*,
n'oublie pas à ton retour de paſſer chez un autre ; cours plutôt chez tous les tailleurs de Paris , il me le faut abſolument avoir à quelque
prix qu'il m'en coûte , je ne ſaurois m'en paſſer.

LE COUREUR.

Ma foi , Monſieur , j'aurai bien de la peine ;
l'argent eſt d'un rare en diable , & ces frippons
d'uſuriers ont tous actuellement la manie de ne
vouloir plus rien prêter que ſur des effets les
meilleurs & les plus ſolides ! . . . .

LE MARQUIS.

Eh bien , ne leur as-tu point préſenté mes
billets ? Ne leur as-tu point appris le riche mariage que je viens ici conclure ? . . . .

LE COUREUR.

Pour vos billets , Monſieur le Marquis , ils re-
fuſent de les prendre même à trois quarts de
perte ! . . . . Quant à votre prochain mariage ,
ces gredins-là ont l'inſolence de ne le point
croire ſur ma parole.

(La Baronne paroît.)

[*A l'arrivée de la Baronne , le Marquis reſſerre*
précipitamment ſes lettres . . . . Il doit en
oublier une qui reſte ſur la table.]

SCENE IV.
LE MARQUIS, son COUREUR, LA BARONNE.

LA BARONNE.

EN vérité, Marquis, c'est trop se faire attendre !..... J'ai mille choses intéressantes à vous dire ; vous me promettez de ne vous éloigner que pour quelques instans, & voici plus de trois heures que je compte la minute qui devoit vous ramener près de moi !....

LE MARQUIS.

Ah, Madame, pardonnez : ce coquin vient de m'apporter quelques lettres que je n'ai pu me dispenser de parcourir, mais j'allois vous renouveller mon hommage : vous me prévenez seulement de vîtesse. [*A son Coureur.*] Ne t'éloigne pas, & tiens-toi prêt à repartir dans la minute.

LE COUREUR, *à part.*

Allons voir si la cuisine & l'office soutiennent l'heureuse idée que je m'en fais d'avance.

[*Il sort.*]

SCENE V.
LE MARQUIS, LA BARONNE.

LA BARONNE.

VOUS ne vous imaginez point, Marquis, combien d'obstacles il me faut vaincre ici pour

vous fervir. Le Préfident fe plaint de votre froi-
deur à fon égard ; (& il n'a pas abfolument
tort.) Je vous avois cependant prévenu de fon
caractere un peu exigeant , & qu'il étoit dans
l'ordre que vous fiffiez du moins quelques efforts
pour lui plaire. Qu'avez-vous dit d'ailleurs pendant tout le cours du dîner à ma niece ?.... Il
fembloit que vous affectiez de contrarier en tout
fon penchant & fes goûts ?.... Vos difparates,
vos diftractions continuelles font-elles plus par-
donnables ?....

LE MARQUIS.

Eh bien , Madame, je me corrigerai, je vous
jure ; vous & elle me reprocherez bientôt mon
flegme & ma taciturnité. Mais , Madame la Baronne, il dépend de vous, fans doute, de hâter
mon bonheur ; qu'il me foit permis de vous fup-
plier d'en preffer l'époque. En fait de mariage,
je tiens moi, que les meilleurs font inconteffa-
blement ceux qui traînent le moins.

LA BARONNE.

C'eft felon. Autre point de difficulté : le Préfident & fa fille ne ceffent de m'oppofer vos lé-
géretés de cœur, la diffipation de vos biens !....
Le premier va jufqu'à m'affurer que vos dettes
paffent de beaucoup tout ce que vous poffédez
encore ; il fait, dit-il.....

LE MARQUIS, *vivement.*

M. le Préfident fait très-mal , Madame, je
dois fans doute : mais citez-moi beaucoup de
gens de qualité qui foient fans dettes ? D'ailleurs, eft-ce ma faute à moi, fi mon intendant,
mon maître-d'hôtel, mon cocher, mes laquais....
fi , dis-je, toute cette canaille-là me pillent &
me volent fans ceffe ?.... Puis-je répondre de

leur droiture, de leur bonne foi, & suis-je fait
enfin pour leur montrer à me servir avec plus
de probité ?....

[*Un Laquais paroît.*]

SCENE VI.

LE MARQUIS, LA BARONNE, UN LAQUAIS.

Un Laquais, *à la Baronne.*

Mr. le Président m'envoie savoir si Madame
est seule, & s'il peut avoir l'honneur de l'entretenir ?

La Baronne.

Oui, dis à mon frere, qu'il peut venir. (*Le
laquais sort.*) --- Vous, Marquis, allez tâcher
de réparer vos torts auprès d'Angélique ; je ne
tarderai point à vous y aller joindre.

[*Le Marquis sort.*]

SCENE VII.

LA BARONNE.

Je ne réussirai point sans peine ; & mon jeune
étourdi se corrigera difficilement. Que la jeu-
nesse est folle !.... Qu'elle est souvent impru-
dente & dangeureuse ! Mais elle est aussi toujours pleine de ressources, & l'on ne doit jamais
désespérer de la rendre heureuse & raisonnable.

[*Le Président paroît.*]

SCENE VIII.

LA BARONNE, LE PRÉSIDENT.

LA BARONNE.

VOUS avez reçu fans doute les lettres que vous attendiez ; eh bien, que vous apprennent-elles ? Le Comte vous confirme-t-il les premieres nouvelles que vous m'avez fait lire tantôt ?....

LE PRÉSIDENT.

Il fait plus ma fœur ; fon ancien attachement pour nous l'a déterminé à n'épargner aucun foin, aucune démarche pour s'affurer de la vérité de fes premieres découvertes : tenez, voici ce qu'il m'écrit.   [*Il donne une lettre à la Baronne.*]

LA BARONNE. [*Elle lit.*]

» Je fuis forcé de vous confirmer tout ce que
» je vous ai écrit relativement à votre Marquis
» de Florincourt. Sa naiffance & fon courage
» ne peuvent être fufpectés : mais la conduite
» qu'il tient ici, eft de la derniere légéreté & de
» la plus dangereufe inconféquence. Il eft né
» avec mieux de dix mille écus de rente, ce-
» pendant on doute que ce qui lui refte de fonds
» puiffe fuffire à l'acquittement de fes dettes
» connues. «

LE PRÉSIDENT, *en ramaffant le papier que*
le Marquis a laiffé fur la table.

Ce papier, ma fœur, vous appartiendroit-il ?

LA BARONNE.

Non ; voyez ce que ce peut être.

LE

LE PRÉSIDENT, *à part.*

Me trompé-je ? Oh , parbleu , ma découverte vaut de l'or ; elle eſt unique.... ah , ah , ah.

[*Il rit.*]

LA BARONNE.

Eh bien ! que liſez-vous de ſi gai, de ſi ré‑jouiſſant ?....

LE PRÉSIDENT, *à demi-voix , & toujours riant.*

C'eſt une très-belle lettre vraiment de notre jeune fou de Marquis : paſſons , je vous prie , dans votre cabinet , nous en ferons la lecture avec plus de liberté. Vous allez voir des détails très-plaiſans , très-curieux , & auxquels vous ne vous attendez guere.

LA BARONNE.

Donnez, donnez ; votre lenteur me fait bouillir. Vous triomphez de tant de belles découver‑tes ; mais je vous déclare , moi, qu'à moins qu'elles ne ſoient tout auſſi claires, auſſi bril‑lantes que le jour , de ne me point départir de mes intentions à ſon égard. Voyons une bonne fois le parti qu'il nous faudra prendre.

[*La Baronne & le Préſident ſortent.*]

FIN DU SECOND ACTE.

ACTE III.

SCENE PREMIERE.

LE PRÉSIDENT, DORIMONT.

LE PRÉSIDENT.

C'EST une chose inconcevable, mon ami, que la prévention dans la tête de certaines femmes !.... ma sœur voit évidemment son erreur sur le compte du Marquis, elle touche du bout du doigt (si je puis m'exprimer ainsi) toutes ses sottises, toutes ses inconséquences.....& malgré cela, l'envie qu'elle a de voir sa niece tenir un rang à la cour, (ou plutôt le plaisir qu'elle trouveroit à y retourner elle-même,) combat vivement encore toutes nos raisons, bien qu'elle ne puisse s'empêcher d'en reconnoître toute la force & la solidité.

DORIMONT *vivement, avec sentiment.*

Que de graces, Monsieur, n'ai-je point à vous rendre !..... Ah, puissiez-vous lire dans mon cœur toute la tendresse, toute la reconnoissance que vous m'inspirez !....

LE PRÉSIDENT.

Vas, mon cher Dorimont, tu ne me dois rien ; contribuer au bonheur d'un homme de mérite, n'est-ce donc pas se rendre heureux soi-même ?.... J'entends le Marquis, (*le Marquis chante dans la coulisse*) & je me retire. Adieu; je vais retrouver ma sœur, & mettre tout en œuvre pour la déterminer en votre faveur.

DORIMONT.

Ah, Monſieur, je vous devrai la vie !... (*A part.*) Mais puis-je me flatter qu'il réuſſiſſe !....
(*Le Marquis paroît.*)

SCENE II.

DORIMONT, LE MARQUIS.

DORIMONT *voulant ſe retirer.*

Quelques affaires m'appellent, Marquis.

LE MARQUIS.

Quoi, tu veux me laiſſer seul auſſi ? Parbleu, mon cher, fais les honneurs du château de M. le Préſident, & tiens-moi compagnie. Comme diable vous êtes tous triſtes !.... Sur mon honneur, je n'y plus tenir, & me donna-t-on tout l'or du Potoſe, tous les diamans de Golconde, je ne reſterois pas encore quatre jours vif ici. Je peux bien te pardonner à toi quelques grains de mélancolie. On t'enleve ta maîtreſſe, on te prive de ſa fortune !.... & dans tous les pays du monde, de pareilles pertes peuvent être, je l'avoue, tant ſoit peu ſenſible : mais je t'offre ta revanche. --- *C'eſt dans les grands maux qu'il nous faut montrer le plus de courage !....* Après tout, c'eſt auſſi ta faute, mon pauvre ami, & je dois en conſcience t'avertir que tu prends le chemin de te faire ſiffler.

DORIMONT.

De qui ?

LE MARQUIS.

De qui ? de tout le monde, & d'abord de nos belles. Penſes-tu qu'elles s'accommodent fort

de ta trifte & morne gravité ; de tes propos fa-
vans ; fentencieux & philofophes ? Au lieu de
les entretenir de colifichets , de riens , de baga-
telles...... on te voit prendre pour texte un
point de morale , de fcience ou d'hiftoire ! Fis,
fis donc, te dis-je : de la gaieté , de la faillie ;
une étude conftante à ne louer que leurs charmes , à ne fuivre que leurs goûts , à leur créer
fans ceffe de nouveaux amufemens , de nouveaux
plaifirs.... Voilà ce qui peut feul captiver leur
fuffrage. Tiens , mon très-cher , elles te paffe-
ront des ridicules , de l'impertinence même , plutôt que de te pardonner le malheur de les ennuyer feule une minute.

D O R I M O N T.

Marquis ; la nature envers moi peu libérale
fans doute , ne m'a donné aucun de tes talens;
que veux-tu que je faffe ?

L E M A R Q U I S.

Les plus grands efforts pour les acquérir; &
je réponds de te rendre , fous moins de huit
jours , fupportable , pour peu que tu veuilles
réellement le devenir. Commence par me quitter
cette couleur lugubre & fépulcrale ; mon tailleur , formé par mon goût , te fera les plus élégans fraques du monde. Sais-tu que ce n'eft pas
un petit mérite que celui de fe bien mettre?
Mon cher , pour cinq ou fix femmes qui fe
prendront par les fentimens , ou fi tu veux, par
le cœur , cinquante au moins fe prennent par
leurs yeux. --- (*Après une légere paufe.*) Eh
mais, morbleu, à quoi penfois-je moi ?.... Mille
pardons, je te quitte pour quelques minutes;
j'oubliois de faire repartir mon coureur !....
(*Myftérieufement.*) Aurois-tu quelques lettres,
quelques billets à faire remettre à Paris ou fur

la route ? Agis sans façon : je puis te répondre
de l'adresse & de la diligence de mon coquin ;
il n'a point son semblable à la cour ! .... Aussi
me coûte-t-il cher ; mais palsambleu, pour me
satisfaire, je n'y regarde point de si près moi :
sans adieu, je reviens.

(*Le Marquis sort en chantant.*)

SCENE III.

DORIMONT, *seul.*

Est-ce donc là cet homme que Mde. la Baronne nous dit être si dangereux pour le cœur
des femmes ? .... Quelle pitié ! .... J'estimerois
bien peu celles qui ne résisteroient pas contre un
si frivole écueil ! (*Après une légere pause.*) Que
ferai-je. .... Tout augmente ma tristesse & mon
inquiétude ! .... Quelqu'un vient ; c'est peut-
être le Marquis : sortons. (*L'Epine paroît.*)

SCENE IV.

DORIMONT, L'ÉPINE.

L'EPINE.

Enfin, Monsieur, je puis donc vous joindre ; depuis plusieurs heures, j'en cherche inuti-
lement le moment.

DORIMONT.

Et qu'as-tu donc à me dire de si intéressant,
de si pressé ? ....

L'EPINE.

Mille choses qui m'affligent pour vous, & qui
me désolent pour moi-même ! .... Nous n'a-

vons donc plus vous & moi qu'à plier bagage ?...
On dit hautement dans le château que vous venez de recevoir votre audience de congé ?....
Quant au mien, Justine ne me fait venir ici que
pour me le donner également sans doute.

D O R I M O N T.

De qui tiens-tu cette belle nouvelle ?

L' E P I N E.

Des gens de votre heureux rival, qui agissent
déja comme conquérans, comme souverains
maîtres de la place.

D O R I M O N T.

Eh bien, l'Epine, contre trop de force nul
ne peut vaincre ; il faudra te résoudre à sortir
par la brêche.

L' E P I N E.

Ce parti ne fait point du tout mon affaire,
Monsieur ; vous le savez ; je suis amoureux,
mais amoureux fou de Justine..... Elle va sui-
vre sa maîtresse à la cour !.... & puis-je alors
compter sur sa constance une seule demi-minute ?

D O R I M O N T.

Quelqu'un monte l'escalier...... vois qui se
peut être. (*A part.*) Que j'attends impatiemment l'effet de la nouvelle tentative du Président !....

L' E P I N E.

Monsieur, c'est votre divinité, c'est mon incomparable : si vous m'en voulez croire, pas-
sons dans le cabinet voisin ; cédons-leur pour un
instant le champ de bataille.

(Angélique & Justine paroissent.)

SCENE V.
DORIMONT, L'EPINE, ANGÉLIQUE, JUSTINE.

JUSTINE.

Venez, venez, Mademoiselle, je vous le di-
sois bien que nous serions seules..... Ainsi donc
le Marquis n'est point assez heureux pour vous
vous plaire ?.... Le rang qu'il vous assuroit à
la cour m'auroit cependant, à votre place, bien
tentée : on tient ce séjour si brillant, si agréable !....

ANGELIQUE.

Va, Justine, s'il offre quelques plaisirs, il pré-
sente également des peines. Une vie douce, égale
& tranquille ne peut guere s'y rencontrer, &
c'est pour moi le plus grand des biens possibles.

JUSTINE.

Mais êtes-vous bien assurée d'amener à votre
sentiment Mae. la Baronne ?.... Elle me semble, moi, le plus complettement entêtée de son
Marquis, & son caractere n'est pas des plus flexi-
bles au moins !....

ANGELIQUE.

Aussi toute ma ressource est-elle dans la tendresse de mon pere.

JUSTINE.

Et Monsieur Dorimont ?....

ANGELIQUE.

Peux-tu me presser ainsi, Justine ?

JUSTINE.

Pourquoi vous coûteroit-il d'avouer que ses

soins ont touché votre ame , & que vous ne le voyez pas avec indifférence ?

A N G E L I Q U E.

Mais n'augures-tu pas comme moi des qualités du cœur de Dorimont ? N'imagines-tu pas qu'il devra faire le bonheur d'une femme qui fera uniquement le sien de chercher à lui plaire ?....

L'Epine à Dorimont, au fond du théatre.

Ma foi, Monsieur, ceci ne va pas mal.

D O R I M O N T.

Ah , tu me vois dans un raviffement !

J U S T I N E.

Eh ! pouvez-vous jamais craindre de n'être pas heureufe avec quelque époux que le ciel vous deftine !....

A N G E L I Q U E.

Mais le bonheur qui femble m'environner, Juftine, ne m'empêche point de fonger de hâter le tien. Tu m'as plufieurs fois parlé de ton penchant pour l'Epine.... Te propofes-tu pas ?....

J U S T I N E, finement, malicieufement.

Ma foi, Mademoifelle, j'ai changé de fentiment : heureufement le ciel m'a éclairée affez à tems pour m'empêcher de faire une fottife.

L'Epine à part, & toujours au fond du théatre.

Comment, que veux dire ceci ?

A N G E L I Q U E.

Tu me furprends , Juftine, je penfois tout autrement de l'Epine.

J U S T I N E.

Oh bien , Mademoifelle, je vous le donne.

pour le premier ivrogne, pour le plus déterminé joueur, pour le plus.....

L'EPINE, en s'avançant avec vivacité.

Non je n'y puis plus tenir : ceci paſſe parbleu raillerie.

JUSTINE. (Elle rit.)

Ah, ah, ah, ah.... cela t'apprendra à écouter
aux portes.

DORIMONT, en ſe précipitant aux genoux
d'Angélique, &c.

Ah, recevez, adorable Angélique, les aſſuran-
ces du plus tendre & du plus conſtant amour;
que je liſe dans vos beaux yeux mon pardon
& mon bonheur.

ANGELIQUE.

Non, je ne puis vous pardonner une ſuper-
cherie auſſi peu noble.... Comment, vous m'é-
coutiez ? Votre procédé m'afflige :... Laiſſez-
moi ſortir, Monſieur.

L'EPINE ſe met à genoux de l'autre côté, &c.

Que ce ſoit ſur moi ſeul, Mademoiſelle, que
tombe toute votre colere !... C'eſt moi qui ai
forcé mon maître de reſter.....

DORIMONT, avec feu, &c.

Ah, divine Angélique, avez-vous oublié l'eſ-
pérance que vous m'avez donné d'être un jour
ſenſible à ma flamme ? reſtez, reſtez donc un
inſtant de grace ; & laiſſez-moi vous jurer à vos
pieds l'amour le plus ardent & le plus digne de
vos charmes.

ANGELIQUE vivement, impatiemment.

Mais levez-vous, levez-vous donc ; vous m'im-
patientez !... Ah, je voudrois vous haïr.....,
mais ! le puis-je ? (à demi-voix.)

SCENE VI.

DORIMONT, L'EPINE, ANGELI-QUE, JUSTINE, LE MARQUIS.

LE MARQUIS, *qui surprend Dorimont aux pieds d'Angélique.*

BIEN, bien ; ... on ne peut mieux : ... voilà ce qui s'appelle profiter de l'heureux moment, & je t'en félicite, mon très-cher.

DORIMONT, *d'un ton sec & très-ferme.*

Cessez, Marquis, votre plaisanterie ; mon respect pour Mademoiselle, & plus encore ses vertus, doivent ce me semble vous imposer silence.

LE MARQUIS.

Palsambleu tu me la donnes belle ! ... Il y a bien là vraiment de quoi prendre un ton tragique ? vas, vas, j'entends raillerie : mais voici très-à-propos Mde. la Baronne & M. le Président.

SCENE VII.

DORIMONT, L'EPINE, ANGELI-QUE, LA BARONNE, LE PRÉSIDENT.

LE MARQUIS, *allant au-devant de la Baronne.*

AU moins, Madame, vous ne me gronderez point cette fois-ci ; vous le voyez, on ne peut être plus précisément à vos ordres : me tiendrez-vous compte de mon exactitude ?

LA BARONNE, *d'un ton noble & férieux.*

Oui, Marquis ; je veux même la récompenfer par un confeil qui ne peut que vous être utile... une autre fois foyez plus foigneux de vos lettres.

LE PRESIDENT. (*Comme la Baronne remet au Marquis fa lettre, le Préfident la lui enleve, & en fait avant une lecture.*)

Un moment, ma fœur, je vous prie ; laif-fez-moi lire une feconde fois un billet auffi agréable. *Il lit.* (*Le Préfident fait cette lecture avec onction, & malignité, &c.*) » Pourquoi » vous alarmer ma belle comteffe, de l'enga-» gement que je fuis fur le point de prendre ?.. » croyez-vous qu'il puiffe altérer jamais la ten-» dreffe que je vous ai tant de fois jurée, & que » je vous promets encore ? ... Non, non, vous » dis-je. "

„ Je fuis criblé de dettes, vous le favez ; le » mariage qu'on me propofe, va toutes les ac-» quitter : j'ajoute qu'il va me mettre en état » de vous faire un fort digne de vous. *Mon fu-* » *tur beau-pere eft un affez bon homme :* fa fille » eft paffable ; mais vous ne devez nullement » craindre fes charmes ; enfin, voici le meil-» leur : fon éternelle tante, lui affure dès au-» jourd'hui tous fes biens . . . . qu'ils viennent » bien à propos pour nous " ! . . . . (*Au Mar-quis en lui remettant fa lettre.*) Oui, Monfieur le Marquis ; je me pique d'être bon homme ; pi-quez-vous à votre tour d'une conduite plus éco-nome & plus réguliere.

LA BARONNE.

Au moins, Marquis, ne vous flattez pas que je vous pardonne, moi ! . . . .

ANGELIQUE, *noblement, &c.*

Je fuis donc la feule, Monfieur, qui doit vous

remercier, & je m'en acquitte avec la plus exacte sincérité.

LE MARQUIS, *légérement, &c.*

Palsambleu, vous me rendez tous les plus importans services ; on donne demain une piece nouvelle ; je la manquois s'il m'eût fallu rester auprès de vous, & je risquerois toutes les fortunes du monde, plutôt que de perdre le plaisir d'une premiere représentation.

(*Il sort en chantant, &c.*)

SCENE DERNIERE.

DORIMONT, L'EPINE, ANGELIQUE, JUSTINE, LA BARONNE, ET LE PRÉSIDENT.

LE PRESIDENT.

Il a beau feindre, il enrage, j'en suis sûr, dans son cœur. Ma sœur, daignez confirmer à Dorimont ce que vous venez de me promettre dans l'instant en sa faveur.

LA BARONNE, *à Dorimont.*

Volontiers, mon frere. Le bonheur d'Angélique a toujours fait l'objet de mes desirs ; tout ce qu'elle & mon frere, Monsieur, me disent de votre mérite, m'assure désormais de sa félicité, & vous acquiert pour toujours mon estime. Voici, ma niece, une feuille de parchemin qui doit achever de te convaincre de ma tendresse pour toi.

ANGELIQUE.

Ah, Madame, votre amitié est le seul bien que j'envie, & mon bonheur sera parfait, dès que vous daignerez m'en honorer.

LE PRÉSIDENT, *qui s'est emparé de ce parchemin.*

Que vois-je ? un contrat de cent mille écus!...

DORIMONT *à la Baronne.*

Quels sentimens d'attachemens & de reconnoissance ne nous imposez-vous point, Madame ?

LE PRÉSIDENT.

Je veux, à mon tour, mes enfans, vous faire également mon présent de nôce.

LA BARONNE *s'empare du papier que le Président présentoit à Dorimont.*

Voyons, voyons.

DORIMONT, *très-vivement.*

Monsieur, le plus précieux pour moi, c'est votre estime, c'est celle de Madame.... (*tendrement*) & le cœur d'Angélique.

LA BARONNE, *vivement.*

Comment ! comment !..... une patente de Président expédiée au nom !....(*Avec transport, & en allant embrasser Angélique.*) Viens que je t'embrasse, ma chere Présidente.

ANGELIQUE, *d'une voix émue, attendrie.*

Quoi, mon pere !....

DORIMONT, *avec surprise & tendresse.*

Ah, Monsieur !....

LE PRÉSIDENT.

Mes enfans, trêve de remerciemens. Le ministre, à qui j'ai souvent rendu compte de ton mérite, (*s'adressant à Dorimont*) vient, à ma priere, de te faire nommer à ma place : tu la rempliras mieux que moi, sans doute, & ce sera la plus effentielle marque que tü pourras me donner de ta fatisfaction & de ta gratitude.

L'EPINE à *Juftine.*

Eh bien, peux-tu réfifter à la force de l'exemple ; auras-tu le caprice de reculer encore mon bonheur ?....

JUSTINE.

Mais franchement, je ne me décide point fans peine ; cependant, touche-là : je fens bien qu'il faut que j'en faffe la folie : autant vaut-il la faire avec toi qu'avec un autre.

LE PRESIDENT.

Allons, ma fœur, achever le bonheur de cet heureux couple ; puiffe-til furpaffer leurs efpérances & les nôtres !

VAUDEVILLE. (*)

DORIMONT.

JE fuis au comble de mes vœux,
Je vous obtiens, belle Angelique !....
Mon bonheur eft digne des Dieux,
Il eft complet, il eft unique :
Du Marquis la trompeufe ardeur,
Comble en cet inftant mon bonheur...
Il faut rufer avec fon ennemi ;
A trompeur, trompeur & demi.

Le chœur répete.

Il faut rufer avec fon ennemi ;
A trompeur, trompeur & demi

(*) Ce Vaudeville peut fe chanter fur celui du *Tonnelier,* opéra-bouffon.

A N G E L I Q U E.

Je partage vos doux transports ;
En tremblant j'ose vous le dire,
Mais je ferois de vains efforts,
Le sentiment ici m'inspire :
Dorimont , puissiez-vous toujours
Vous rappeller de si beaux jours !...
    Il faut ruser avec son ennemi ;
    A trompeur , trompeur & demi.

L A B A R O N N E.

On aimoit bien mieux autrefois ,
On nous offroit de purs hommages ;
On pouvoit compter par ses doigts
Le petit nombre de volages !....
Un amant sincere & constant
Est un vrai phénix maintenant !.....
    Il faut ruser avec son ennemi ;
    A trompeur, trompeur & demi.

L E P R É S I D E N T.

Je connoissois mon pélerin ,
Et je l'estimois à sa mine ,
Tout petit-maître est sot ou vain ,
Avec peu d'art on le devine !...
Ah ! méfiez-vous jeunes cœurs.
De ces brillans adorateurs !....
    Il faut ruser avec son ennemi ;
    A trompeur, trompeur & demi.

J U S T I N E.

Un petit collet , l'autre jour ,
Juroit de faire ma fortune ,
Si répondant à son amour ,
J'allois le trouver à la brune.....
Je lui promis ; je n'en fis rien :....
De toutes façons je fis bien....
    Il faut ruser avec son ennemi ;
    A trompeur, trompeur & demi.

L ' E p i n e.

Pour ramener un inconstant ,
Lise feignit d'être infidelle ;
Sa ruse eut un succès charmant ,
Son amant revient auprès d'elle ;

Sa flamme reprit son essor...
Il en aima plus Lise encor !...
Il faut ruser avec son ennemi ;
A trompeur, trompeur & demi.

LE PRÉSIDENT.

Le monde est rempli de trompeurs,
Il en est de plus d'une espece ;
Sous les dehors les plus flatteurs
Leur art séduit, charme, intéresse ;
Mais, ne vous rendez pas d'abord,
Souvent l'écueil est près du port !..
Il faut ruser avec son ennemi ;
A trompeur, trompeur & demi.

JUSTINE ou L'EPINE.

Dorise avoit certain procès
Dont la perte eût fait sa ruine,
Son juge, épris de ses attraits
S'engage ; à quoi ?.. On le devine,
Dorise gagne, & dès l'instant,
Adieu M. le Président.
Il faut ruser avec son ennemi ;
A trompeur, trompeur & demi.

DORIMONT au public.

Combien l'auteur seroit flatté
De mériter votre suffrage ;
Daignez sourire avec bonté,
Messieurs, à notre badinage :
Si vous trouvez bon ce refrain,
Avec nous répétez soudain...
Il faut ruser avec son ennemi ;
A trompeur, trompeur & demi.

Le chœur répete.

Il faut ruser avec son ennemi ;
A trompeur, trompeur & demi.

FIN.